Derechos y deberes laborales. CTRH0011

Alicia Jiménez García

ic editorial

Derechos y deberes laborales. CTRH0011
© Alicia Jiménez García

1ª Edición

© IC Editorial, 2025

Editado por: IC Editorial
c/ Cueva de Viera, 2, Local 3
Centro Negocios CADI
29200 Antequera (Málaga)
Teléfono: 952 70 60 04
Fax: 952 84 55 03
Correo electrónico: iceditorial@iceditorial.com
Internet: www.iceditorial.com

ISBN: 978-84-1184-541-0
Depósito Legal: MA 51-2025

Impresión: PODiPrint
Impreso en Andalucía – España

Nota de la editorial: IC Editorial pertenece a Innovación y Cualificación S. L.

Especialidad formativa

Se entiende por especialidad formativa la agrupación de contenidos, competencias profesionales y especificaciones técnicas que responde a un conjunto de actividades de trabajo enmarcadas en una fase del proceso de producción y con funciones afines.

Las especialidades formativas de Uso General, Formación Complementaria, Formación Modular y las especialidades formativas dirigidas a la obtención de certificados de profesionalidad se incluyen en el Fichero de Especialidades del Servicio Público de Empleo Estatal para su gestión en todo el territorio nacional por cualquier Administración competente.

Las especialidades complementarias, pertenecen todas a la Familia profesional de Formación Complementaria (FCO) y tienen la consideración de formación transversal en áreas que se consideran prioritarias tanto en el marco de la Estrategia Europea para el Empleo y del Sistema Nacional de Empleo como en las directrices establecidas por la Unión Europea. Se consideran áreas prioritarias las relativas a tecnologías de la información y la comunicación, la prevención de riesgos laborales, la sensibilización en medio ambiente, la promoción de la igualdad, la orientación profesional y aquellas otras que se establezcan por la Administración competente.

Las especialidades de Certificado de profesionalidad tienen una duración especificada en su normativa reguladora.

En el resultado de la búsqueda, se muestran las unidades de competencia, todos los módulos formativos con su duración y las unidades formativas del certificado correspondiente, con su duración. Las horas del certificado, exclusivo de las especialidades de certificado de profesionalidad, con alta igual o superior a 2008, son las horas totales más las horas del módulo de Prácticas Profesionales no Laborales.

- **Si la especialidad tiene unidades formativas,** las horas totales, presencial, distancia, teleformación serán igual a la suma de esas horas de las unidades formativas de los distintos módulos, sin que se repita ninguna Unidad formativa.

⊃ **Si la especialidad no tiene unidades formativas,** las horas totales, presencial, distancia, teleformación serán igual a las sumas de esas horas de los módulos formativos, eliminando las horas de los módulos repetidos.

https://sede.sepe.gob.es/especialidadesformativas/RXBuscadorEFRED/BusquedaEspecialidades.do

(Fuente: Servicio Público de Empleo Estatal)

Índice

OBJETIVOS GENERALES

Los objetivos generales del **CTRH0011. Derechos y deberes laborales,** son los siguientes:

- ⮞ Identificar los derechos y los deberes que se derivan de la relación laboral y de la finalización de esta.
- ⮞ Explicar los derechos que tiene la persona trabajadora en su relación laboral.
- ⮞ Describir las obligaciones que debe cumplir la persona trabajadora en su ámbito profesional.
- ⮞ Explicar los derechos y los deberes que tienen los empleados cuando finalizan su relación laboral con la empresa.

Identificación de los derechos y los deberes en las relaciones laborales

Contenido

Objetivos

Los objetivos generales de esta Unidad de Aprendizaje son:

→ Explicar los derechos que tiene la persona trabajadora en su relación laboral.

→ Describir las obligaciones que debe cumplir la persona trabajadora en su ámbito profesional.

Los objetivos específicos de esta Unidad de Aprendizaje son:

→ Distinguir la tipología de contratos vigentes en España.

→ Analizar los aspectos claves de la jornada de trabajo y la hoja de salario.

→ Interpretar los mecanismos de prevención, protección y defensa de las personas trabajadoras.

→ Definir los convenios colectivos como resultado de la negociación colectiva.

→ Enunciar los tipos de formación en el ámbito laboral.

1. Introducción

En esta era de constante cambio y evolución, es fundamental que tanto empleadores como empleados conozcan y comprendan claramente sus derechos y deberes en el ámbito laboral. La relación laboral es uno de los pilares esenciales de la sociedad moderna, ya que no solo determina el funcionamiento eficiente de las organizaciones, sino que también garantiza la protección y el bienestar de las personas trabajadoras.

Una definición clara de lo que constituye una relación laboral permitirá a las personas trabajadoras discernir sobre las responsabilidades y derechos implicados en la relación laboral. Conocer los diferentes tipos de contratos de trabajo les proporcionará una visión clara sobre sus características y particularidades. Para tener una visión completa del entorno laboral, es vital también conocer las diversas tipologías de jornadas laborales y entender cómo se reflejan estos aspectos en la hoja de salario o nómina de una persona trabajadora.

La prevención de riesgos laborales es un tema de suma importancia para asegurar que tanto empleadores como empleados puedan establecer y mantener un entorno de trabajo seguro y saludable. Además, las diferentes tipologías de protecciones sociales que existen para las personas trabajadoras se pueden entender como aspectos críticos en la búsqueda de justicia e igualdad laboral.

La formación continua es un derecho y una obligación que ayudará a las personas trabajadoras a mantenerse relevantes y competitivas, de ahí que su correcta implementación sea fundamental. La negociación colectiva y los convenios colectivos son herramientas cruciales para la defensa de los derechos laborales, y entender su funcionamiento y alcance es un valor añadido para las relaciones laborales.

No menos importante es la afiliación sindical y cómo los sindicatos juegan un papel esencial en la defensa de los derechos laborales y en la promoción de condiciones de trabajo justas.

Este contenido proporcionará una base sólida para comprender estos temas a fondo y aplicarlos en la práctica diaria, garantizando una relación laboral justa y equitativa. Para ello, nos basaremos en la actividad profesional de la asesoría Pontevedra, S. L. y su nuevo contrato con una empresa china.

2. Definición de relación laboral

👉 **HILO CONDUCTOR**

La asesoría Pontevedra, líder en la gestión laboral de grandes empresas, ha suscrito un contrato con una empresa china que se va a establecer en España. Como quieren gestionar su plantilla y desconocen la legislación española, han llegado a un acuerdo con esta asesoría para realizar una gestión compartida entre ellos y dos miembros de la asesoría (Joaquín y Pilar). Estos empiezan por lo más fundamental, explicar el concepto de relación laboral.

Una relación laboral se define como el **vínculo jurídico que se establece entre empleador y empleado,** a través del cual se pacta la prestación de un servicio personal por parte de la persona trabajadora a cambio de una remuneración económica por parte del empleador. Este vínculo implica una dependencia de la persona trabajadora hacia el empleador, el cual tiene la potestad de dirigir y supervisar la realización del trabajo.

La relación laboral se articula mediante un contrato de trabajo, que establece las condiciones y términos bajo los cuales se desarrollará esa relación.

La relación laboral no solo se enfoca en el acto de trabajar por un salario, sino también en **los derechos y deberes recíprocos** que se derivan de esta interacción. Por un lado, la persona trabajadora tiene el derecho a recibir una contraprestación adecuada por su trabajo, disfrutar de un entorno seguro y acceder a ciertas protecciones sociales como vacaciones pagadas, seguros de salud, entre otros beneficios. Por otro lado, tiene el deber de cumplir con sus tareas asignadas, respetar las normas y políticas de la organización, y actuar con diligencia y lealtad hacia su empleador.

El empleador, a su vez, tiene el derecho de dirigir el trabajo de la persona trabajadora y exigir la ejecución de sus tareas de acuerdo con lo pactado, pero también tiene el deber de proporcionar un salario justo, garantizar condiciones de trabajo seguras y saludables, y respetar los derechos laborales de su personal.

IMPORTANTE

En España las relaciones laborales se rigen principalmente por el Estatuto de los Trabajadores, Real Decreto Legislativo 2/2015, de 23 de octubre.

----

3. Los contratos de trabajo

 HILO CONDUCTOR

Para regularizar la situación de los empleados y empleadas de la empresa, Joaquín explica que las relaciones laborales se instrumentalizan con los contratos de trabajo. Expone las distintas modalidades existentes en nuestro país, para que decidan cuál le interesa más.

Los contratos de trabajo son el **principal instrumento legal que formaliza la relación laboral entre empleador y empleado.** Un contrato de trabajo es un acuerdo voluntario entre ambas partes, documentado por escrito y firmado, que establece las condiciones bajo las cuales se prestará el servicio laboral. Los contratos de trabajo deben cumplir con ciertos requisitos legales básicos y pueden variar ampliamente en cuanto a su contenido y duración.

Los tipos de contratos son:

- ⤷ **Indefinido.** Este tipo de contrato no tiene una fecha de finalización estipulada y se considera que perdura hasta que una de las partes decida terminarlo, siempre siguiendo los procedimientos y plazos legales correspondientes. Es el contrato laboral por excelencia y está diseñado para ofrecer mayor estabilidad y seguridad a la persona trabajadora. En esta modalidad se podría incluir el contrato fijo discontinuo.
- ⤷ **Temporal o de duración determinada.** Este contrato tiene una duración determinada y preestablecida, que puede ser prorrogable en ciertos casos. Se utiliza para cubrir necesidades temporales, ya sea por acumulación de tareas, sustituciones, proyectos específicos, etc. Existen variantes dentro de los contratos temporales, tales como por circunstancias de la producción o por sustitución de persona trabajadora.
- ⤷ **Formativos.** El contrato para la formación en alternancia combina tareas laborales y formación teórica con el fin de facilitar a la persona trabajadora una cualificación profesional. Está destinado a jóvenes que buscan adquirir experiencia práctica en el ámbito laboral.

  El contrato formativo para la obtención de la práctica profesional se dirige a titulados que, habiendo finalizado sus estudios, entren en contacto con el mundo laboral. Su objetivo es proporcionar experiencia relacionada con su formación académica y tiene límites específicos en cuanto a su duración.

Tanto el contrato indefinido como el de duración determinada se pueden celebrar a **tiempo parcial.** Su característica principal es que el número de horas trabajadas es inferior a la jornada ordinaria completa. Es una opción común para quienes buscan conciliar la vida laboral y personal o para empleadores que necesitan cubrir puestos con menor carga horaria.

Cada tipo de contrato laboral posee ciertas condiciones y derechos específicos, y es crucial que ambas partes estén plenamente informadas sobre ellos para evitar futuros conflictos.

 PARA SABER MÁS

El SEPE pone a disposición de las empresas un sitio web con una guía de los contratos vigentes, en la que se incluyen las distintas cláusulas que se puede utilizar en cada uno de ellos. Accede desde aquí para visualizarla:

Continúa en página siguiente >>

<< *Viene de página anterior*

https://redirectoronline.com/ctrh00110101

 TAREA 1

Si Manuel quiere contratar a un trabajador solo para la época de rebajas, ¿qué tipo de contrato es el más adecuado?

4. Tipología de jornadas laborales

 HILO CONDUCTOR

La empresa china se ha decidido por la contratación indefinida de todo su personal y ahora quieren abordar qué jornada laboral será la más adecuada para su actividad. Pilar le hace hincapié que en España, por normativa, la jornada laboral tiene un número máximo de horas semanales, aunque existe una tipología de jornada que se puede adecuar a lo que necesitan.

La jornada laboral se refiere al tiempo en el que la persona trabajadora debe prestar sus servicios en favor del empleador. La regulación de la jornada laboral es esencial para garantizar la salud y el bienestar del personal, así como para asegurar la productividad de la empresa.

NOTA

Con carácter general, el número máximo de horas diarias de trabajo no puede ser superior a 9.

Los **tipos** de jornada laboral se pueden clasificar atendiendo a diversos criterios. Según la **duración** de la jornada de trabajo y según su distribución, esta puede ser:

➲ **Según su duración:**

◉ **Completa.** Corresponde a la jornada laboral estándar establecida legalmente y, en nuestro país, significa trabajar **40 h a la semana.** Este tipo de jornada puede estar distribuida de manera diversa, por ejemplo, de lunes a viernes, pero siempre respetando las horas máximas permitidas.

◉ **Parcial.** En esta modalidad, la persona empleada **trabaja menos horas** que las correspondientes a una jornada completa, ya sea por decisión propia, necesidad del empleador o acuerdo entre ambas partes. Este tipo de jornada es común en el sector servicios.

➲ **Según su distribución:**

◉ **Continua.** Se caracteriza por **no tener pausas significativas durante el día laboral,** lo que permite al trabajador disfrutar del resto del día libre. Cuando la jornada supera 6 h continuadas, incluye una breve pausa para descansar (15 min mínimo), pero no se interrumpe la actividad principal del trabajo.

◉ **Partida.** Implica que la jornada laboral **se divide en dos o más periodos,** con una interrupción de al menos una hora entre ellos. Es común en sectores como el comercio y la restauración, y permite una distribución flexible del tiempo de trabajo.

➲ **Especial o irregular.** Se aplica en ciertos sectores en los que la naturaleza del trabajo requiere horarios atípicos. Estas jornadas están **sujetas** a regulaciones específicas que buscan proteger a la persona trabajadora de la sobreexposición laboral.

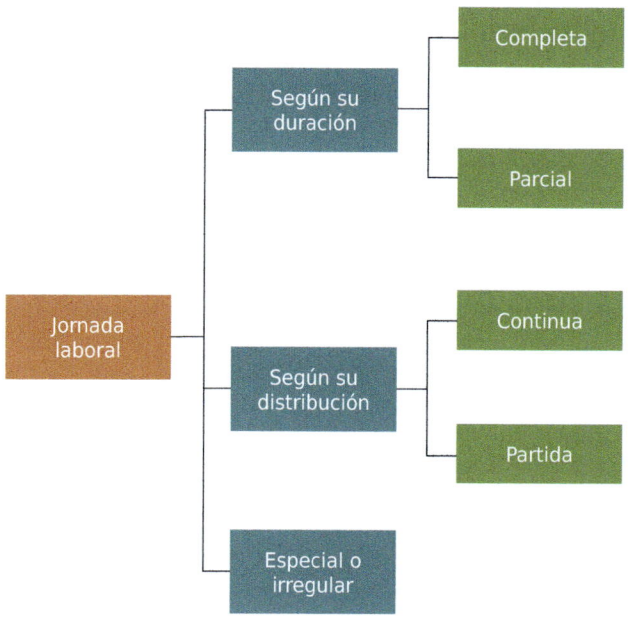

 **EJEMPLO**

Las jornadas de trabajo irregular pueden ser las desarrolladas en la agricultura, los trabajos a turnos o las guardias de 24 h en sectores como la salud.

5. La hoja de salario o nómina

👉 **HILO CONDUCTOR**

A la hora de hacer efectiva la remuneración del personal, en su departamento de recursos humanos se pregunta cuál será el documento donde quede reflejado tal pago. Joaquín le muestra el modelo oficial y le informa de sus características principales.

La hoja de salario o nómina es un documento emitido por el empleador que refleja y **detalla el pago que recibe una persona empleada por el trabajo realizado** en un periodo determinado. Este documento es fundamental para ambas partes, pues garantiza transparencia y cumplimiento normativo en la remuneración laboral.

El **modelo vigente** de hoja de salario se encuentra recogido en la Orden de 27 de diciembre de 1994 y sus apartados son los siguientes:

1. **Datos del empleador y el trabajador.** Incluye la identificación del empleador (nombre de la empresa, dirección, NIF y CCC) y de la persona trabajadora (nombre completo, número de identificación, categoría profesional, número de afiliación a la Seguridad Social y grupo de cotización).
2. **Periodo de liquidación.** Especifica el periodo al cual corresponde el salario, usualmente mensual.
3. **Devengos.** Son las percepciones salariales y no salariales que el trabajador recibe. Las salariales se dividen en salario base, complementos salariales (por antigüedad, productividad, peligrosidad, etc.), horas extras y otras percepciones, como pagas extraordinarias; y las no salariales en indemnizaciones, prestaciones de la Seguridad Social y otras percepciones.
4. **Deducciones.** Incluyen las cotizaciones a la Seguridad Social y por desempleo, formación profesional y horas extraordinarias, además de las retenciones de IRPF, aportaciones sindicales, anticipos, embargos, etc. Estas deducciones son de obligatorio cumplimiento y afectan el salario neto que recibe la persona trabajadora.
5. **Líquido a percibir.** Es la cantidad neta que la persona trabajadora recibe después de aplicar todas las deducciones pertinentes al salario bruto.
6. **Firmas y validaciones.** La nómina debe ser firmada por la persona trabajadora y validada por su empleador, afirmando con ello el acuerdo sobre el pago realizado y la recepción de este.
7. **Bases de cotización a la Seguridad Social y base sujeta a retención del IRPF.** Información sobre la aportación empresarial a la Seguridad Social de la persona trabajadora identificada. Se especifican las distintas bases de cotización y los tipos aplicados, además de la base de la retención por IRPF.

1

Empresa:	Trabajador:
Domicilio:	NIF:
	Núm. Afil. Seguridad Social:
CIF:	Grupo Profesional:
CCC:	Grupo de Cotización:

2

Periodo de liquidación: del _____ de _____ al _____ de _____ de 20____   Total días [   ]

3

I. DEVENGOS	IMPORTE	TOTALES
1. Percepciones salariales		
Salario base..............................	_____	
Complementos salariales:		
....	_____	
....	_____	
....	_____	
Horas extraordinarias	_____	
Horas complementarias (Contratos a tiempo parcial)	_____	
Gratificaciones extraordinarias........	_____	
Salario en especie......................	_____	
2. Percepciones no salariales		_____
Indemnizaciones o suplidos		
Prestaciones e indemnizaciones de la Seguridad Social		
Indemnizaciones por traslados, suspensiones o despidos		
Otras percepciones no salariales		
A. TOTAL DEVENGADO		

4

II. DEDUCCIONES		
1. Aportación del trabajador a las cotizaciones a la Seguridad Social y conceptos de recaudación conjunta	%	
Cont. comunes + MEI	_____	_____
Desempleo	_____	_____
Formación Profesional	_____	_____
Horas extraordinarias	_____	_____
TOTAL APORTACIONES		_____
2. Impuesto sobre la renta de las personas físicas........		_____
3. Anticipos................................		_____
4. Valor de los productos recibidos en especie ...		_____
5. Otra deducciones....................		_____
B. TOTAL A DEDUCIR		

5

LÍQUIDO TOTAL A PERCIBIR (A — B)   _____

6

Firma y sello de la empresa	_____ de _____ de 20____
_____	RECIBÍ

7

DETERMINACIÓN DE LAS BASES DE COTIZACIÓN A LA SEGURIDAD SOCIAL Y CONCEPTOS DE RECAUDACIÓN CONJUNTA Y DE LA BASE SUJETA A RETENCIÓN DEL IRPF Y APORTACIÓN DE LA EMPRESA

CONCEPTO	BASE	TIPO	APORTACIÓN EMPRESA
1. Contingencias comunes + MEI			
Importe remuneración mensual	_____		
Importe prorratas pagas extraordinarias ...	_____		
TOTAL..............	_____	_____	_____
2. Contingencias profesionales y conceptos de recaudación conjunta			
AT y EP	_____	_____	_____
Desempleo............	_____	_____	_____
Formación Profesional	_____	_____	_____
Fondo Garantía Salarial......	_____	_____	_____
3. Cotización adicional horas extraordinarias.........	_____	_____	_____
4. Base sujeta a retención del IRPF	_____		

6. La prevención de riesgos laborales

☞ HILO CONDUCTOR

La asesoría Pontevedra explica a la dirección de la empresa china que en España se deben cumplir ciertas normas relacionadas con la prevención de los riesgos derivados del trabajo. Para dar cumplimiento a esta legislación, Pilar imparte al personal de la empresa un curso básico sobre derechos, obligaciones y actuaciones preventivas en el entorno laboral.

La prevención de riesgos laborales es el conjunto de acciones y medidas adoptadas para **evitar o reducir los riesgos derivados de las actividades laborales,** protegiendo la salud y la seguridad de las personas trabajadoras. Este aspecto es crucial para promover un entorno de trabajo seguro y saludable, conforme a su normativa reguladora, **Ley 31/1995, de 8 de noviembre y Real Decreto 39/1997, de 17 de enero (Reglamento).**

Los instrumentos necesarios para la aplicación de un **plan de prevención** en la empresa son:

Evaluación de riesgos
- Consiste en identificar y evaluar los riesgos potenciales en el lugar de trabajo, considerando aspectos como maquinaria, sustancias químicas, organización del trabajo, etc. La evaluación de riesgos debe ser continua y actualizada regularmente.

Planificación de la prevención
- Basada en los resultados de la evaluación de riesgos, se deben planificar las medidas preventivas correspondientes, que pueden incluir ajustes en las instalaciones, capacitación específica y desarrollo de protocolos de actuación, entre otros.

Como **medidas** adicionales al plan de prevención, están las siguientes:

⊃ **Política de seguridad.** La implementación de una política clara de seguridad y salud laboral que sea conocida y respetada por todos los miembros de la organización. Esto incluye la creación de comités de seguridad, comunicación interna sobre riesgos y medidas, etc.

- **Formación y sensibilización.** La formación continua de las personas trabajadoras en temas de prevención de riesgos laborales es esencial. Estas deben estar capacitadas para identificar riesgos, utilizar correctamente los equipos de protección individual (EPI) y seguir los procedimientos de seguridad marcados en el plan de prevención.
- **Control y vigilancia.** La realización de inspecciones y auditorías periódicas para asegurar la eficacia de las medidas preventivas adoptadas, así como las correcciones necesarias. Las personas trabajadoras también deben participar en la vigilancia de la salud mediante exámenes médicos periódicos y evaluaciones de su estado de bienestar.

7. Tipologías de protecciones sociales para las personas trabajadoras

 HILO CONDUCTOR

Un trabajador de la empresa china ha sido operado de urgencia y consultan a la asesoría Pontevedra cómo deben actuar y si el trabajador está protegido de alguna forma. Pilar le indica qué hacer en este caso específico, a la vez que planifica una reunión para explicar los diferentes tipos de prestación social que existen en España.

La protección social es un **conjunto de políticas y programas** diseñados para reducir y prevenir la pobreza, la vulnerabilidad y la exclusión social. En el ámbito laboral, las protecciones sociales son fundamentales para garantizar la seguridad y el bienestar de las personas trabajadoras y sus familias.

La **Seguridad Social** es un sistema nacional que proporciona ciertos beneficios en los casos de enfermedad, jubilación, accidentes de trabajo, nacimiento de hijo, invalidez y otras contingencias. El Real Decreto Legislativo 8/2015, de 30 de octubre, es la base normativa de este sistema.

El sistema de Seguridad Social está formado por organismos y entidades de competencias diversas.

IMPORTANTE

La Seguridad Social se financia principalmente a través de las cotizaciones de empleadores y trabajadores.

Las personas trabajadoras disponen de un catálogo de **prestaciones sociales** para cubrir las contingencias sobrevenidas. Algunas de ellas son:

- **Asistencia sanitaria.** Prestación que cubre los gastos médicos causados por enfermedades o accidentes. Garantiza que el trabajador tenga acceso a servicios de salud adecuados y oportunos.
- **Desempleo.** Beneficios económicos que se otorgan a trabajadores que han perdido su empleo involuntariamente y que cumplen con ciertos requisitos. Este apoyo económico les permite mantener un nivel de vida digno mientras encuentran un nuevo empleo. Es gestionado por el Servicio Público de Empleo Estatal (SEPE).
- **Pensión de jubilación.** Beneficio económico que reciben los trabajadores al finalizar su vida laboral, generalmente a partir de una edad específica y si cumplen con ciertos requisitos de cotización. La pensión permite una vida digna después del retiro del mercado laboral.
- **Incapacidad.** Ayudas económicas para trabajadores que, debido a enfermedades o accidentes, están temporal o permanentemente incapacitados para desempeñar su trabajo. Estas prestaciones aseguran que reciban un ingreso sustitutorio durante su incapacidad.
- **Protección familiar.** Programas de apoyo económico para familias con hijos o a cargo de personas dependientes, como las prestaciones por nacimiento, asignaciones económicas y ayudas para el cuidado de personas mayores o con discapacidad.

8. Formación para personas trabajadoras

👉 HILO CONDUCTOR

El personal de la empresa china va a realizar un curso de capacitación digital industrial para darle un impulso a su cadena de fabricación con la cualificación de sus trabajadores. Joaquín asesora a la empresa sobre este tipo de formación.

La **formación continua** es un aspecto esencial para el desarrollo profesional y la competitividad laboral. Proporcionar a las personas trabajadoras oportunidades para adquirir nuevas habilidades y conocimientos no solo beneficia su carrera, sino también la productividad y la innovación en la organización.

Una tipología de la formación para las personas trabajadoras puede ser:

- **Inicial.** Programas de capacitación destinados a trabajadores nuevos o que cambian de puesto, con el objetivo de proporcionarles los conocimientos y habilidades básicas necesarias para desempeñar su trabajo de manera eficaz.
- **Continua.** Actualización y mejora de habilidades y conocimientos a lo largo de la carrera profesional de la persona trabajadora. Incluye cursos, talleres, seminarios y programas de desarrollo profesional enfocados en áreas específicas de la profesión, tales como:

  - Formación para la adaptación a nuevas tecnologías. Desarrollo de competencias digitales y tecnológicas que permiten a los trabajadores adaptarse a los cambios tecnológicos constantes en el entorno laboral.
  - Formación en habilidades sociales y directivas. Desarrollo de competencias como la comunicación, el trabajo en equipo, la gestión del tiempo, el liderazgo y la resolución de conflictos. Este tipo de formación es fundamental para mejorar las relaciones interpersonales y la dinámica de trabajo en la organización.

- **En seguridad y salud.** Programas específicos para la prevención de riesgos y la promoción de la seguridad y la salud en el trabajo. Incluyen el uso adecuado de equipos de protección individual y la adopción de prácticas seguras.

NOTA

Las organizaciones tienen la responsabilidad de fomentar y facilitar la formación de sus empleados, y las personas trabajadoras tienen el derecho de participar en estas actividades de formación.

- -

9. El papel de la negociación colectiva y los convenios colectivos

☞ HILO CONDUCTOR

El personal de la empresa china tiene derechos y obligaciones para con ella, desarrolladas en el convenio colectivo de aplicación y que ha sido fruto de la negociación colectiva. Pilar le facilita el convenio colectivo aplicable en su actividad empresarial.

La **negociación colectiva** es el proceso a través del cual los representantes de las personas trabajadoras y los empleadores negocian las condiciones de trabajo y algunos términos de los contratos laborales. Este proceso culmina en la **formalización de convenios colectivos,** que son acuerdos jurídicamente vinculantes que regulan aspectos esenciales de la relación laboral. La **importancia de la negociación colectiva** se sustenta en:

1. **Mejora de condiciones laborales.** A través de la negociación colectiva, los trabajadores pueden mejorar salarios, condiciones de trabajo y beneficios adicionales, para lograr un mejor equilibrio entre la vida laboral y personal.
2. **Estabilidad laboral.** Los convenios colectivos proporcionan una mayor estabilidad y seguridad en el empleo, ya que establecen normas claras y justas sobre contratación, despido y otras condiciones laborales.
3. **Prevención de conflictos.** La negociación colectiva es un mecanismo efectivo para la resolución de conflictos laborales, pues promueve el diálogo y el entendimiento entre empleadores y trabajadores, con lo que se evita recurrir a huelgas o litigios.
4. **Participación democrática.** La negociación colectiva fomenta la participación activa de las personas trabajadoras en la toma de decisiones que afectan su vida laboral, la cual fomenta la democracia y la justicia en el entorno de trabajo.

Los **aspectos claves** de los convenios colectivos son:

⇒ **Ámbito de aplicación.** Definen el sector, la empresa o el grupo de empresas al que se aplicará el convenio colectivo, así como las personas trabajadoras cubiertas por este.

- **Condiciones económicas.** Establecen aspectos relacionados con el salario, las pagas extraordinarias, los complementos salariales y cualquier otro tipo de retribución económica.
- **Condiciones de trabajo.** Regula aspectos como la jornada laboral, descansos, vacaciones, permisos y medidas relacionadas con la seguridad y la salud en el trabajo.
- **Derechos y deberes.** Definen los derechos y responsabilidades tanto de las personas trabajadoras como de los empleadores, para promover un entorno de trabajo respetuoso y equilibrado.
- **Mecanismos de solución de conflictos.** Incluyen procedimientos para la resolución de conflictos laborales, como la mediación y el arbitraje, con la idea de asegurar que la gestión de los conflictos sea justa y eficiente.

10. La afiliación sindical

👉 HILO CONDUCTOR

Joaquín informa a los trabajadores de que para la defensa de sus derechos laborales ante la empresa cuentan con unos representantes sindicales, que le asesorarán y guiarán en las formas y procedimientos que seguir, dado el caso.

- -

Los sindicatos juegan un papel crucial en la negociación colectiva, la mejora de las condiciones laborales y la protección de los derechos de las personas trabajadoras. Los **beneficios** que conlleva la afiliación sindical son:

- **Representación y defensa.** Los sindicatos representan a los trabajadores en las negociaciones colectivas y en casos de conflicto laboral, ofreciendo asesoramiento legal y apoyo en la resolución de disputas.
- **Mejora de condiciones laborales.** Permite a los trabajadores unirse en la negociación de mejores salarios, beneficios y condiciones laborales, para lograr acuerdos que benefician a todos los miembros.
- **Formación y desarrollo.** Muchos sindicatos ofrecen programas de formación y desarrollo profesional, proporcionando a sus miembros oportunidades para mejorar sus habilidades y avanzar en sus carreras.
- **Seguridad y salud.** Los sindicatos están comprometidos con la promoción de la seguridad y la salud en el trabajo, para lo cual realizan

campañas de sensibilización y luchan por la implementación de medidas preventivas.

- ➲ **Solidaridad y apoyo.** Crea un sentido de comunidad y solidaridad entre los trabajadores, quienes pueden apoyarse mutuamente en tiempos de necesidad y luchar juntos por sus derechos y bienestar.

 ## SABÍAS QUE...

Afiliarse a un sindicato es un derecho fundamental de las personas trabajadoras que les permite organizarse y defender colectivamente sus intereses laborales.

- -

 ## ACTIVIDAD COMPLEMENTARIA

1. Busca en internet una noticia relacionada con la actuación de un sindicato que haya tenido repercusión positiva en los trabajadores de una empresa o sector.

- -

11. Resumen

Se han explorado en profundidad los derechos y deberes en las relaciones laborales, partiendo de una comprensión fundamental de lo que constituye una relación laboral. Esta relación se establece mediante un **contrato de trabajo,** que es un acuerdo entre empleador y empleado donde se pactan las condiciones bajo las cuales se prestará el servicio laboral. Existen diversos tipos de contrato, cada uno con sus características específicas:

El análisis de las **distintas tipologías de jornada laboral,** como la jornada completa, parcial, continua, partida y las jornadas especiales o irregulares, ha permitido entender cómo se distribuye el tiempo de trabajo y su impacto en la vida de los trabajadores.

Un elemento esencial en la relación laboral es la **hoja de salario o nómina,** que desglosa los devengos y deducciones que componen el pago que reciben empleados y empleadas. Es fundamental para la transparencia y legalidad en la remuneración laboral y garantiza que ambas partes estén en claro acuerdo sobre los términos económicos del empleo.

En la prevención de riesgos laborales se subraya la importancia de:

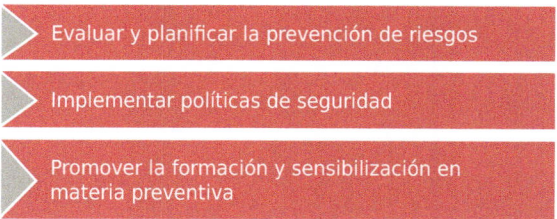

Evaluar y planificar la prevención de riesgos

Implementar políticas de seguridad

Promover la formación y sensibilización en materia preventiva

Las protecciones sociales son otro componente vital del bienestar laboral. Se identifican diversas tipologías de protección.

Ejercicios de autoevaluación
Unidad de Aprendizaje 1

1. ¿Qué tipos de contrato laboral existen en España?

    a. Formativo
    b. De duración determinada
    c. Parcial
    d. Indefinido

2. Determina si la siguiente afirmación es verdadera o falsa: "Las guardias realizadas por los profesionales de un hospital son un tipo de jornada laboral continua".

    ■ Verdadero
    ■ Falso

3. Determina si la siguiente afirmación es verdadera o falsa: "En la nómina las percepciones no salariales se incluyen en el apartado deducciones".

    ■ Verdadero
    ■ Falso

4. ¿Qué normas legales regulan la prevención de riesgos laborales?

    a. Real Decreto Legislativo 2/2015, de 23 de octubre
    b. Real Decreto 39/1997, de 17 de enero
    c. Ley 31/1995, de 8 de noviembre
    d. Real Decreto Legislativo 8/2015, de 30 de octubre

5. Pedro, que trabaja en una peluquería desde hace 5 años, está realizando un curso sobre tintes vegetales, ¿qué tipo de formación está recibiendo?

    a. Formación continua
    b. Formación inicial
    c. Formación de reciclaje
    d. Formación en seguridad laboral

Finalización de las relaciones laborales

Contenido

Objetivos

El objetivo general de esta Unidad
de Aprendizaje es:

→ Explicar los derechos y
  los deberes que tienen los
  empleados cuando finalizan su
  relación laboral con la empresa.

Los objetivos específicos de esta
Unidad de Aprendizaje son:

→ Describir las características
  principales de la finalización de
  la relación laboral, distinguiendo
  entre voluntaria, en el tiempo y
  forma pactados, y por decisión
  de la empresa.

→ Detallar los elementos del
  finiquito.

→ Calcular el importe del finiquito
  en la finalización de una relación
  laboral.

1. Introducción

La finalización de las relaciones laborales es un proceso significativo tanto para empleados como para empleadores. A lo largo de nuestra vida laboral, podemos encontrarnos en situaciones en las cuales necesitemos terminar nuestra relación contractual con la empresa, ya sea de manera voluntaria o involuntaria. Este proceso varía dependiendo de las circunstancias y es crucial entender los derechos y obligaciones que se derivan de él. Es interesante explorar los diferentes escenarios en los que puede producirse la finalización de un contrato laboral.

La finalización voluntaria de la relación laboral suele ser una decisión de la persona trabajadora. Esta puede tener distintas razones para renunciar, desde motivos personales hasta encontrar una mejor oportunidad laboral. La finalización del contrato en el tiempo y forma pactados ocurre cuando el contrato llega a su término de acuerdo con lo estipulado previamente entre ambas partes. En la finalización del contrato por parte de la empresa antes de la fecha prevista se pueden dar distintas situaciones por las que la empresa decide rescindir el contrato.

El finiquito es un elemento esencial al momento de finalizar cualquier relación laboral. Comprender cómo se determina el finiquito es fundamental para asegurarnos de recibir todos los derechos económicos que nos correspondan al concluir el vínculo laboral con la empresa.

Este recorrido nos equipara con el conocimiento necesario para enfrentarnos al fin de una relación laboral de manera informada y justa, pues entenderemos las implicaciones legales y económicas que conlleva. Para ello, nos basaremos en la finalización de la relación laboral de varias personas trabajadoras de la empresa china y cómo es asesorada por la asesoría Pontevedra.

2. Finalización voluntaria de la relación laboral

 HILO CONDUCTOR

Una trabajadora de la empresa china quiere dejar el trabajo, pues ha encontrado algo mejor, y solicita los servicios de la asesoría Pontevedra. Joaquín y Pilar le explican las implicaciones legales que tiene renunciar a su puesto de trabajo, ya que es una decisión propia y voluntaria.

Cuando una persona trabajadora decide terminar su relación laboral de manera voluntaria, generalmente se refiere a una **renuncia.** Es una decisión personal que puede estar motivada por diversas razones, como cambio de residencia, desarrollo profesional, insatisfacción con el puesto, entre otros. El artículo 50 del Estatuto de los Trabajadores (ET) recoge tres causas de extinción por voluntad de la persona trabajadora.

En algunos casos, el trabajador puede incluso negociar una salida beneficiosa para ambas partes.

 SABÍAS QUE...

De forma coloquial a la extinción voluntaria de la relación laboral se le denomina dimisión.

2.1. Procedimientos y formalidades

Para que la renuncia se lleve a cabo de manera correcta, la persona trabajadora debe seguir una serie de **procedimientos y formalidades:**

1. **Comunicación.** Es esencial que el empleado notifique su decisión. Las normas legales no regulan la forma de esta comunicación, sin embargo se recomienda dejar constancia escrita. El documento será claro y conciso, especificando la fecha en la que se hará efectiva la renuncia. No es necesario exponer el motivo de esta.

2. **Plazo de preaviso.** La persona trabajadora ha de realizar el preaviso según el plazo establecido en el convenio colectivo aplicable en la empresa, en el contrato, o como se indica en el ET, "la costumbre del lugar". A pesar ello, lo habitual es que el preaviso se realice con una antelación de 15 días a la fecha de la marcha.

3. **Entrega de propiedades de la empresa.** Al finalizar la relación laboral, la persona trabajadora debe devolver cualquier propiedad que pertenezca a la empresa, como tarjetas de identificación, llaves de acceso, equipos tecnológicos, etc.

4. **Preparación del trabajo pendiente.** La persona trabajadora debe procurar dejar sus responsabilidades en orden, documentando todo lo necesario para que su sucesor pueda continuar con las tareas de manera efectiva.

 PARA SABER MÁS

La gestión de una baja voluntaria en ocasiones puede ser compleja. Consulta la información sobre ello accediendo desde aquí:

https://redirectoronline.com/ctrh00110201

2.2. Derechos y consecuencias de la renuncia

Cuando un trabajador renuncia a su puesto tiene derechos pero también consecuencias derivadas de ella:

⊃ **Derechos:**

    ↻ **Finiquito:** toda persona trabajadora tiene derecho a un finiquito, que incluye el pago de los días trabajados, vacaciones no disfrutadas, importe proporcional de las pagas extraordinarias no cobradas, incentivos, entre otros.

○ **Certificado de empresa:** este documento es importante, ya que acredita la experiencia y el tiempo que la persona trabajadora estuvo en la empresa. La empresa puede entregarlo a la persona trabajadora o enviarlo de forma telemática al SEPE.

⊃ **Consecuencias:**

○ Posible pago a la empresa de una indemnización por daños y perjuicios.
○ Descuento en el finiquito de los días no preavisados, si existía acuerdo de preaviso.
○ No le corresponde prestación por desempleo.
○ No le corresponde indemnización, salvo por las causas legales del Estatuto de los Trabajadores.

IMPORTANTE

Si la dimisión o renuncia se produce por alguna de las causas del artículo 50 del ET, la persona trabajadora tiene derecho a la indemnización por despido improcedente.

---

3. Finalización del contrato en el tiempo y forma pactados

 HILO CONDUCTOR

Para sustituir en vacaciones a los técnicos de la cadena de montaje, la empresa contrató a varias personas. Una vez finalizado el periodo vacacional, Pilar y el departamento de recursos humanos gestionan las salidas de estos técnicos de la empresa, ante los organismos pertinentes.

La finalización del contrato de trabajo en el tiempo y forma pactados se refiere a aquellos **contratos que tienen una duración específica** y concluyen cuando se alcanza la fecha de finalización programada. Este tipo de contrato es muy común en trabajos temporales, proyectos a corto plazo o empleos estacionales.

Existen **dos motivos** principales para celebrar contratos de duración determinada:

Por circunstancias de la producción
- Aumento ocasional e imprevisible de la actividad.
- Cambios que provoquen desajustes temporales en el empleo (por ejemplo, vacaciones).

Para la sustitución de una persona trabajadora
- Sustitución con derecho a reserva del puesto de trabajo.
- Completar la jornada reducida de otra persona trabajadora.
- Cubrir un puesto durante el proceso de selección o promoción.

3.1. Procedimientos y obligaciones

Para finalizar correctamente un contrato de duración determinada, tanto empleador como empleado deben cumplir con ciertas **formalidades:**

- ⮞ **Notificación de finalización.** El empleador notificará a la persona trabajadora con antelación la fecha de finalización del contrato. Esta notificación generalmente se hace por escrito. Aunque esta forma de comunicación no es obligatoria, sí es recomendable.
- ⮞ **Evaluación del desempeño.** Al concluir el contrato, puede ser relevante llevar a cabo una evaluación del desempeño de la persona trabajadora.
- ⮞ **Entrega del finiquito.** Al igual que en otros casos de finalización de contrato, se debe realizar el cálculo y la entrega del finiquito correspondiente. Con él se liquidan todas las cantidades pendientes que se adeuden a la persona trabajadora.
- ⮞ **Certificado de empresa.** La empresa debe proporcionar un certificado que acredite la duración y las funciones desempeñadas por la persona trabajadora.
- ⮞ **Pago de una indemnización.** A la finalización de este tipo de contrato, la persona trabajadora recibirá una indemnización equivalente a 12 días de salario por año de servicio o aquella otra regulada en la normativa específica.

Para las empresas, la finalización de contratos en los términos pactados suele ser una forma de controlar los recursos humanos y financieros con mayor precisión. Por otro lado, los empleados tienen la previsibilidad de que su contrato tendrá un fin claro y pueden planificar su futuro profesional con mayor certeza, buscando nuevas oportunidades laborales con antelación.

 **APLICACIÓN PRÁCTICA**

A Clotilde la han contratado en un comercio durante los meses fuertes de Navidad (noviembre, diciembre y enero). ¿Qué indemnización le corresponderá cuando finalice este periodo?

Solución

A los contratos de duración determinada que expiran llegado el tiempo convenido les corresponde una indemnización de 12 días de salario por año de servicio o la que se encuentre recogida en la normativa sectorial de aplicación. Esta indemnización no le corresponde a los contratos formativos ni a los de duración determinada que consistan en la sustitución de la persona trabajadora.

4. Finalización del contrato por parte de la empresa antes de la fecha prevista

👉 **HILO CONDUCTOR**

La empresa china está pensando en despedir a un grupo de trabajadores antes de que finalicen su contrato. La asesoría Pontevedra ha visto conveniente que Joaquín imparta en el Departamento de Recursos Humanos un curso básico sobre la gestión de este tipo de despido, ya que es un tanto complejo.

La finalización del contrato de trabajo por parte de la empresa antes de la fecha prevista, también conocida como **despido,** puede producirse por diversas razones, como bajo rendimiento, reestructuración de la empresa, cierre de la compañía, entre otros. Existen tres tipos de despido:

- **Disciplinario.** Se basa en causas reales y serias, como faltas graves, incumplimiento del contrato, etc. El ET recoge las causas que motivan la extinción del contrato, aunque también pueden existir en los convenios colectivos.
- **Objetivo.** Se produce por causas no imputables exclusivamente ni a la empresa ni al trabajador. Según el ET son: por ineptitud del trabajador; por falta de adaptación del empleado a las modificaciones técnicas producidas en su puesto; y por causas económicas, técnicas, organizativas o de producción.
- **Colectivo.** Es la extinción del contrato de trabajo motivado por causas económicas, técnicas, organizativas o de producción, cuando en un periodo de 90 días, afecten como mínimo a 10 trabajadores si la plantilla es menor de 100; al 10 % de trabajadores cuando está comprendida entre 100 y 300 trabajadores; o a 30 trabajadores, si es más de 300.

El despido de un trabajador tiene **implicaciones tanto legales como económicas** para la empresa. Debe asegurarse que cumple con todas las normativas legales para evitar sanciones y la posibilidad de demandas judiciales. Para el trabajador, ser despedido puede tener un impacto significativo en su estabilidad económica y emocional.

Para que un despido sea considerado legal y justo, la empresa debe cumplir ciertas **obligaciones** con el trabajador y respetar sus **derechos** en el proceso. En resumen:

- **Obligaciones de la empresa:**

  - **Notificación escrita:** es obligatorio notificar al trabajador por escrito la extinción de su contrato de trabajo, detallando las razones del despido y la fecha efectiva. Dependiendo del tipo de despido, el plazo de notificación antes de la fecha efectiva es distinto. La empresa puede contar con documentación que respalde las razones del despido (evaluaciones de desempeño, reportes de conducta, etc.).
  - **Audiencia:** en algunos casos, es necesario tener una audiencia formal donde el trabajador puede presentar su caso. Tal es el caso del procedimiento de ERE en los despidos colectivos.
  - **Entrega de documentación:** es obligatorio entregar al empleado el finiquito y la indemnización (si le corresponde), el certificado de empresa y el resto de documentación necesaria para solicitar la prestación por desempleo.

⊃ **Derechos del empleado:**

◊ **Finiquito:** incluye todos los conceptos devengados pero no cobra-dos hasta la fecha de la finalización del contrato.

◊ **Indemnización:** en el tipo de despido colectivo y objetivo el traba-jador tiene derecho a una indemnización que varía en función de cómo sea calificado, procedente (20 días por año trabajado) o impro-cedente (33 días por año trabajado).

◊ **Certificado de empresa:** el empleado puede recibir este certificado para la gestión de las prestaciones sociales que le correspondan.

◊ **Prestación por desempleo:** el trabajador con despido objetivo y co-lectivo tiene derecho a solicitar ante el SEPE la prestación por des-empleo.

CONSEJO

Para evitar despidos contenciosos, se recomienda contar con documentación sobre el desempeño de los empleados, realizar evaluaciones periódicas para identificar y corregir problemas, e intentar negociar soluciones alternativas en la salida del trabajador.

----

5. Definición del finiquito y explicación de cómo se calcula

HILO CONDUCTOR

El cálculo del finiquito de los trabajadores despedidos por la empresa china ha sido realizado por su Departamento de Recursos Humanos. Tras las quejas de estos trabajadores por el importe recibido, la asesoría Pontevedra los revisa y acompaña al departamento en la reunión prevista para dar las explicaciones pertinentes.

El finiquito es un **documento legal que establece la liquidación** completa entre un trabajador y su empleador al finalizar la relación laboral. Este incluye los salarios pendientes y cualquier otra cantidad económica que el empleador deba pagar al trabajador. Es una herramienta esencial para garantizar que los derechos económicos del trabajador sean respetados al finalizar la relación laboral.

Tanto la empresa como el trabajador deben revisar y entender cada concepto incluido para evitar futuros conflictos, así como su procedimiento de cálculo:

➲ **Elementos.** Los elementos comunes que se incluyen en el finiquito son:

- Salarios devengados: la cantidad de dinero que el trabajador ha ganado pero aún no ha cobrado.
- Vacaciones no disfrutadas: compensación por los días de vacaciones no disfrutados.
- Bonificaciones y comisiones: cualquier bonificación o comisión que esté pendiente de percibir.
- Pagas extraordinarias, si las hubiera prorrateadas o devengadas y no cobradas.
- Indemnización (si corresponde): en caso de despido, dependiendo de las circunstancias, el trabajador podría tener derecho a una percepción económica por este concepto.
- Otros conceptos: cualquier otro concepto pactado en el contrato de trabajo o en el convenio colectivo pertinente.

➲ **Cálculo.** Para calcular correctamente el finiquito, se deben tener en cuenta varios factores y etapas:

- Determinar el periodo de trabajo: especificar el periodo exacto de trabajo que no ha sido remunerado.
- Calcular los días de vacaciones pendientes: dividir el número total de días de vacaciones anuales entre 12 y multiplicar por los meses trabajados, finalmente restando los días ya disfrutados.
- Incluir las bonificaciones y comisiones: sumar cualquier bonificación o comisión pendiente.
- Calcular las pagas extraordinarias. Si las pagas están prorrateadas junto con el salario, no hay que hacer cálculo alguno. En caso contrario, se calcula la proporción correspondiente y se suma a las cantidades pendientes.
- Añadir otros conceptos: agregar cualquier otro concepto adicional pactado.

◊ Descontar deducciones: restar cualquier deducción debida como préstamos laborales.
◊ Calcular la indemnización: va a depender de la calificación del despido o del tipo de extinción del contrato.

 **EJEMPLO**

Un trabajador finaliza en una empresa el 15 de julio. El trabajador tiene un salario mensual de 2.000 euros (pagas extraordinarias prorrateadas) y 30 días de vacaciones anuales. Hasta la fecha de la finalización del contrato, el empleado no ha disfrutado de ningún día de vacaciones. No le corresponde indemnización.

Salario devengado en julio = (2.000 / 31) x 15 = 967,74 €

Vacaciones no disfrutadas = (30 / 365) x 196 = 16,11 días, aprox. 16 días

Compensación por vacaciones = (2.000 / 30) x 16 = 1.066,66 €

Total Finiquito = 967,74 + 1.066,66 = 2.034,40 €

 TAREA 2

A Felisa le comunican el fin de su relación laboral con la empresa por motivos disciplinarios. El despido se hará efectivo el día 25 de septiembre. Su asesoría de confianza le calcula el finiquito que le corresponde. Si cobra 1.500 €/mes, las pagas extraordinarias están incluidas en el salario y no le quedan días de vacaciones por disfrutar, ¿qué importe va a recibir?

6. Resumen

Se analizan en profundidad los diferentes escenarios en los que puede terminarse una relación laboral, lo cual abarca desde la renuncia voluntaria del trabajador hasta el despido por parte de la empresa. Los aspectos tratados de cada tipo de finalización de la relación laboral son:

Finalización voluntaria

- La importancia de comunicar la decisión por escrito y de realizar la devolución de los bienes de la empresa.
- Los derechos del trabajador tras la renuncia (finiquito y certificado de empresa) y sus consecuencias.
- La preparación adecuada de la carga de trabajo pendiente.

Finalización del contrato en el tiempo y forma pactados

- Los diferentes tipos de contrato de duración determinada y su procedimiento legal de finalización.
- Las obligaciones del empleador y del empleado, y los derechos y compensaciones para el trabajador (finiquito y certificado de empresa).

Finalización del contrato por parte de la empresa antes de la fecha prevista

- Los diferentes tipos de despido: disciplinario, objetivo y colectivo.
- Los procedimientos legales que la empresa debe seguir.
- Los derechos del trabajador despedido (finiquito, certificado de empresa e indemnizaciones que correspondan).
- Las impliaciones legales y económicas de estos despidos.
- Las recomendaciones para evitar estos despidos cuando sea posible.

Finalmente, se trata el finiquito, sus componentes más comunes, el procedimiento para su cálculo detallado y un ejemplo práctico para entender mejor este proceso. Se da a conocer la importancia del finiquito en la protección de los derechos económicos del trabajador al concluir su relación laboral.

Ejercicios de autoevaluación
Unidad de Aprendizaje 2

1. **Determina si la siguiente afirmación es verdadera o falsa: "Un empleado ha de preavisar su dimisión con 12 días de antelación".**

   - Verdadero
   - Falso

2. **Determina si la siguiente afirmación es verdadera o falsa: "En la finalización del contrato por circunstancias de la producción al trabajador se le entrega, entre otros documentos, el finiquito".**

   - Verdadero
   - Falso

3. **Determina si la siguiente afirmación es verdadera o falsa: "A la finalización del contrato de trabajo por parte de la empresa antes de la fecha prevista también se le conoce como dimisión".**

   - Verdadero
   - Falso

4. **¿Cuáles son los tipos de despido?**

   a. Objetivo
   b. Subjetivo
   c. Disciplinario
   d. Colectivo

5. **¿Qué indemnización le corresponde a un despido calificado como improcedente?**

   a. 20 días por año trabajado.
   b. No le corresponde indemnización alguna.
   c. 33 días por año trabajado.
   d. Siempre se aplica lo que indica el convenio colectivo pertinente.

Glosario

Arbitraje
Método de solución de conflictos laborales a través de la intervención de un árbitro.

Conflicto
Desacuerdo entre dos o más personas.

Contraprestación
Importe abonado a una persona trabajadora por la entrega de un servicio o trabajo.

Contrato fijo discontinuo
Modalidad de contratación indefinida que se caracteriza porque su actividad se desarrolla de forma intermitente.

Cualificación profesional
Conjunto de competencias profesionales, tales como conocimientos y capacidades, que posibilitan la realización de una actividad laboral.

Desempleo
Prestación económica destinada a las personas paradas que cumplan unos requisitos.

Empleado
Persona que desarrolla un trabajo.

Empleador
Persona que emplea a un conjunto de individuos.

Grupo de cotización
Es el número que identifica la categoría profesional de la persona trabajadora.

Indemnización
Según la RAE, "compensación económica destinada a reparar, garantizando su indemnidad, al afectado por la privación (expropiación) de un bien o derecho".

Liderazgo
Conjunto de habilidades directivas que tiene una persona.

Mediación
Mecanismo de resolución de conflictos laborales con la ayuda de un mediador.

Número de afiliación
Es la numeración con la que la Seguridad Social identifica a los usuarios. Se denomina también número de la Seguridad social (NUSS).

Preaviso
Aviso obligatorio realizado antes de que suceda el hecho.

Salario bruto
Es la suma de los importes que corresponden al trabajador antes de practicar las retenciones y cotizaciones obligatorias.

Bibliografía

Monografías

→ CHARRO Baena, P.: *Memento Despido 2023-2024. Y otras formas de extinción del contrato de trabajo.* Madrid: Lefebvre, 2024.

> Libro teórico-práctico en el que se desarrollan las distintas formas de extinción del contrato de trabajo, con especial mención al despido.

→ JIMÉNEZ García, A.: *Gestión auxiliar de personal.* Antequera: IC Editorial, 2024.

> Manual interesante que desarrolla la gestión del personal en la empresa.

→ JIMÉNEZ García, A.: *Gestión de personal. Nóminas.* Antequera: IC Editorial, 2024.

> Libro práctico para la gestión integral de los recursos humanos.

→ RAMÍREZ Martínez, J. M., GARCÍA Ortega, J. y PÉREZ DE LOS COBOS Orihuel, F.: *Curso básico de Derecho del Trabajo y de la Seguridad Social.* Valencia: Tirant lo Blanch, 2024.

> Manual extenso que desarrolla el conjunto de procedimientos y elementos que intervienen en toda relación laboral.

Textos electrónicos, bases de datos y programas informáticos

→ Ministerio de Trabajo y Economía Social, de:
<https://www.mites.gob.es/index.htm>.

> Página web del Ministerio de Trabajo y Economía Social compuesta por recursos, enlaces e información relevante en el ámbito laboral y social.

→ Seguridad Social, de:
<https://www.seg-social.es/wps/portal/wss/internet/Inicio>.

> Página web de la Seguridad Social que muestra información sobre la afiliación, cotización, recaudación y prestaciones de las personas trabajadoras y de las empresas, además de los enlaces directos a sus sedes electrónicas.

→ Servicio Público de Empleo Estatal, de:
<https://www.sepe.es/HomeSepe>.

Página web del SEPE que incluye, entre otra información, una guía de contratos publicada y actualizada anualmente.

Legislación

→ Real Decreto Legislativo 2/2015, de 23 de octubre, por el que se aprueba el texto refundido de la Ley del Estatuto de los Trabajadores.

Normativa que regula derechos y obligaciones en el ámbito de las relaciones laborales, tanto para las personas trabajadoras como las organizaciones.

→ Real Decreto Legislativo 8/2015, de 30 de octubre, por el que se aprueba el texto refundido de la Ley General de la Seguridad Social.

Normativa que incluye las normas legales sobre los trámites, regímenes y prestaciones de la Seguridad Social.